Impressum
Verlag: BABADADA GmbH, Nedderfeld 112 , 22529 Hamburg
Geschäftsführer / Verlagsleitung: Harald Hof
Druck: Books on Demand GmbH, In de Tarpen 42, 22848 Norderstedt

Imprint
Publisher: BABADADA GmbH, Nedderfeld 112 , 22529 Hamburg, Germany
Managing Director / Publishing direction: Harald Hof
Print: Books on Demand GmbH, In de Tarpen 42, 22848 Norderstedt, Germany

shkolla
学校

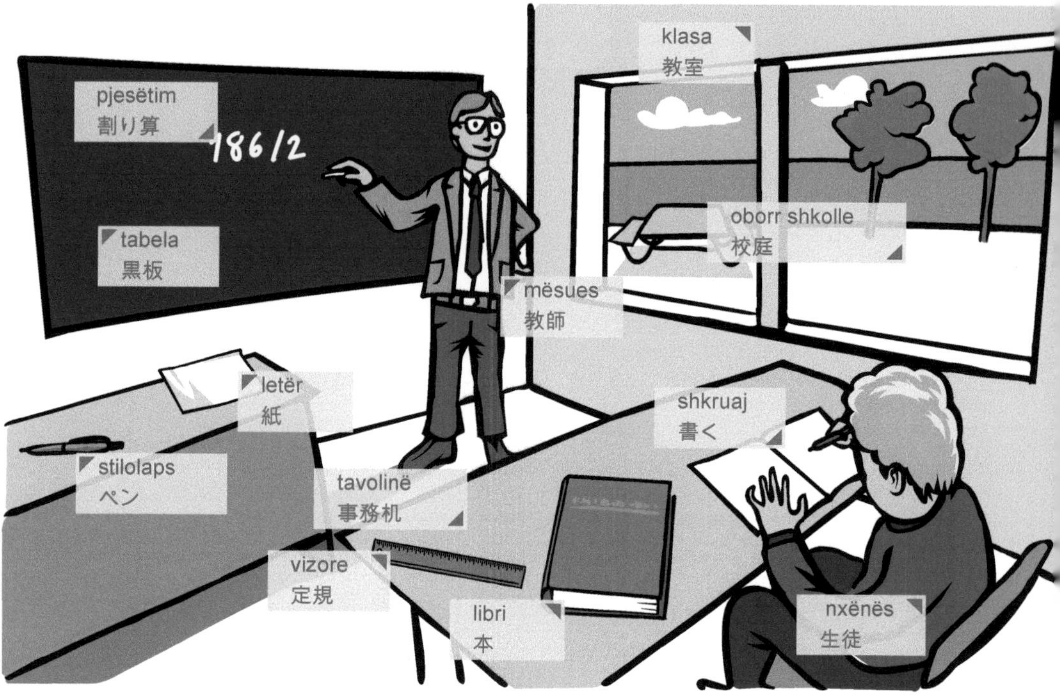
klasa
教室
pjesëtim
割り算
186/2
tabela
黒板
oborr shkolle
校庭
mësues
教師
letër
紙
shkruaj
書く
stilolaps
ペン
tavolinë
事務机
vizore
定規
libri
本
nxënës
生徒

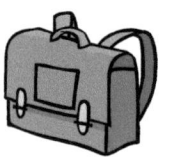

çantë
ランドセル

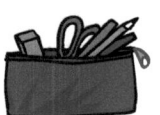

mbajtëse lapsash
筆入れ

laps
鉛筆

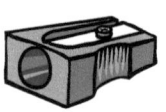

mprehës lapsash
鉛筆削り

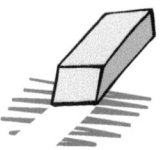

gomë
消しゴム

fletore vizatimi
スケッチブック

vizatim

スケッチ

penel

絵筆

kuti bojërash

絵の具箱

gërshërë

はさみ

ngjitës

接着剤

fletore detyrash

練習帳

detyrë shtëpie

宿題

12

numër

数

2+2

mbledh

足し算

5-2

zbres

引き算

2×2

shumëzoj

かけ算

llogaris

計算する

A

gërmë

文字

ABCDEFG
HIJKLMN
OPQRSTU
VWXYZ

alfabeti

アルファベット

fjalë

単語

tekst

テキスト

lexoj

読む

shkumës

チョーク

mësim

授業

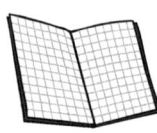

regjistër

学級日誌

provim

試験

çertifikatë

通知表

uniformë shkolle

制服

arsimim

教育

enciklopedia

百科事典

universitet

大学

mikroskop

顕微鏡

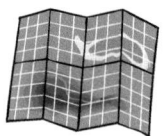

hartë

地図

kosh letrash

ごみ箱

udhëtim
旅行

hotel
ホテル
Grand
bujtinë
ホステル
ROOMS
pikë këmbimi valutor
両替所
valixhe
スーツケース
makinë
自動車

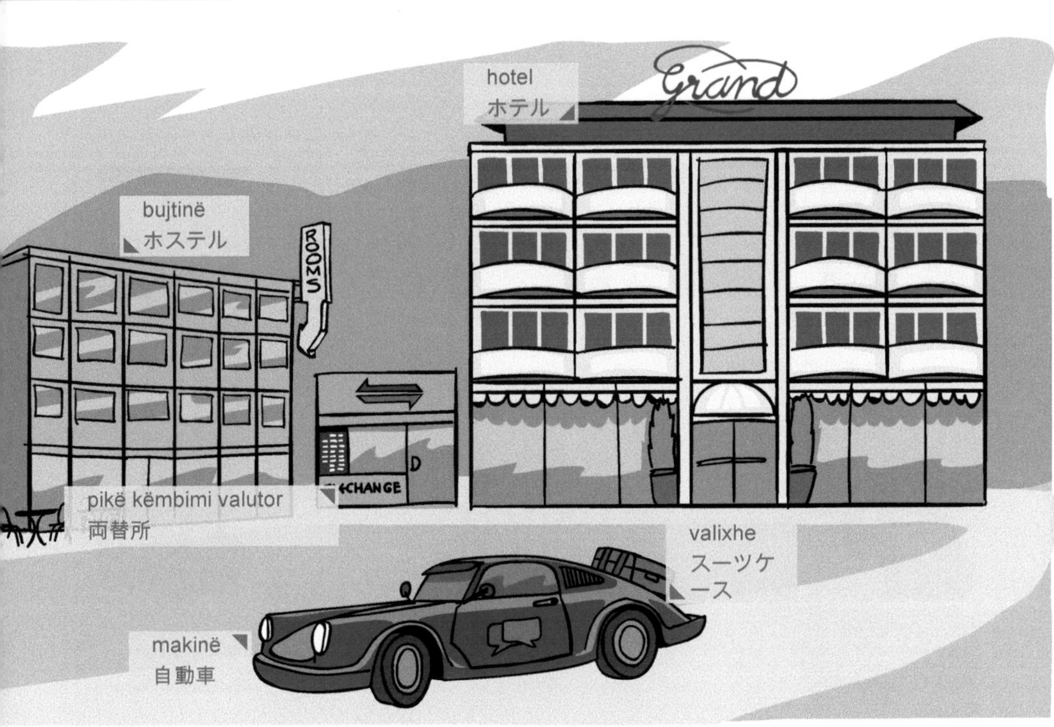

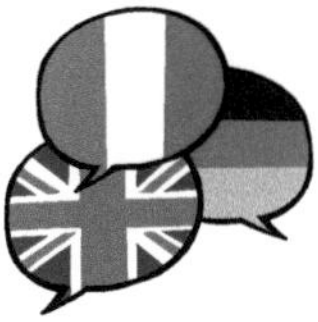

gjuhë

言語

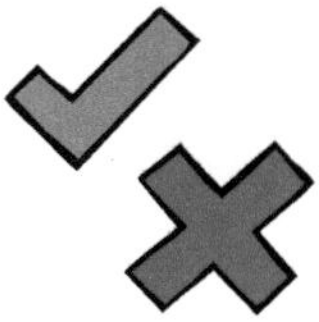

po / jo

はい / いいえ

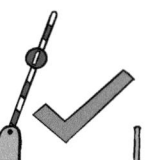

Në rregull

問題ない

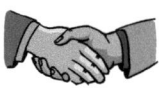

ç'kemi

ハロー

përkthyes

翻訳者

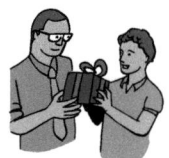

Faleminderit

ありがとう

sa kushton…?

…はいくらですか？

nuk e kuptoj

わかりません

problem

問題

Mirëmbrëma!

こんばんは！

Mirëmëngjes!

おはようございます！

Natën e mirë!

おやすみなさい！

mirupafshim

さようなら

drejtim

方向

bagazhet

手荷物

çantë

バッグ

çantë shpine

リュックサック

mysafir

お客様

dhomë

部屋

thes gjumi

寝袋

tendë

テント

informacion për turistët

旅行者情報

plazh

ビーチ

kartë krediti

クレジットカード

mëngjes

朝食

drekë

昼食

darkë

夕食

Biletë

チケット

ashensor

エレベーター

pulla

スタンプ

kufi

境界

doganë

税関

ambasadë

大使館

vizë

ビザ

pasaportë

パスポート

transport

輸送

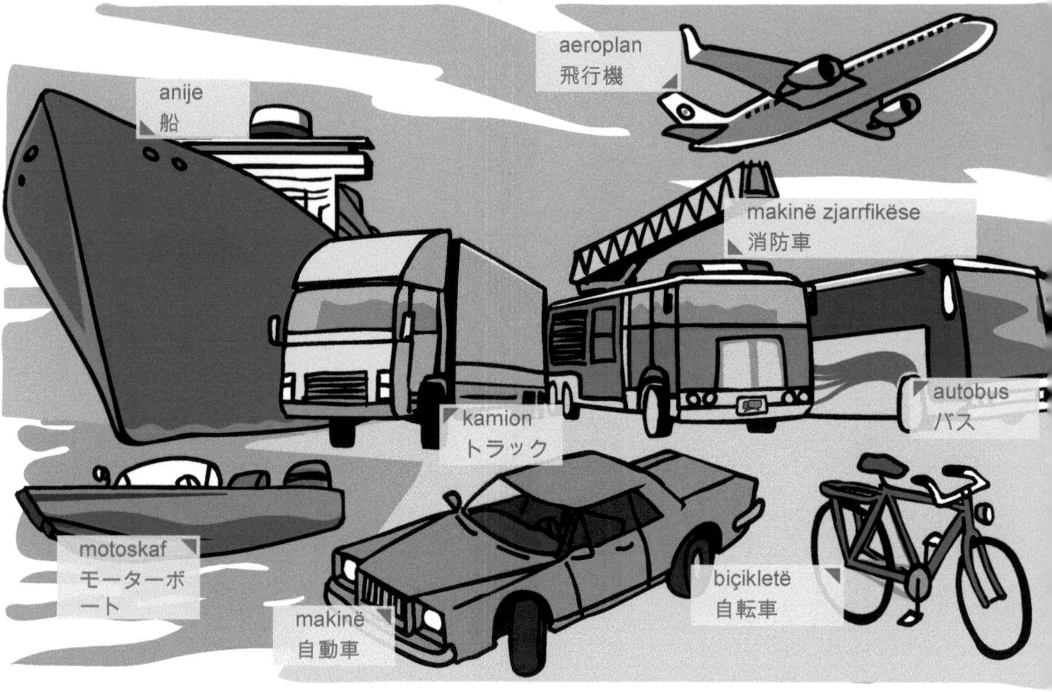
aeroplan
飛行機
anije
船
makinë zjarrfikëse
消防車
kamion
トラック
autobus
バス
motoskaf
モーターボ
ート
biçikletë
自転車
makinë
自動車

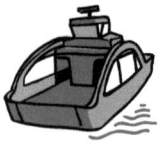

traget

フェリー

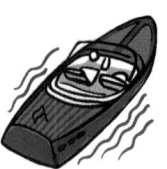

varkë

ボート

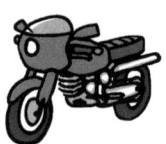

motoçikletë

バイク

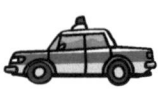

makinë policie

パトカー

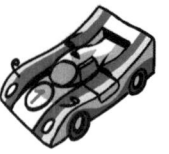

makinë garash

レーシングカー

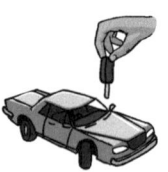

makinë me qira

レンタカー

darje e qirasë së makinës

カーシェアリング

karroatrec

レッカー車

makinë plehrash

ごみ収集車

motor

モーター

benzinë

燃料

pikë karburanti

ガソリンスタンド

sinjalistikë trafiku

交通標識

trafik

交通

bllokim trafiku

渋滞

parkim makinash

駐車場

stacion treni

駅

trase

道

tren

列車

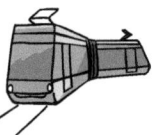

tramvaj

路面電車

karro

車両

helikopter

ヘリコプター

aeroport

空港

kullë

タワー

pasagjer

乗客

kontenier

コンテナ

kuti kartoni

段ボール箱

qerre

カート

shportë

カゴ

ngrihem / ulem

離陸 / 着陸

qytet

都市

fshat

村

qendra e qytetit

都心

shtëpi

家

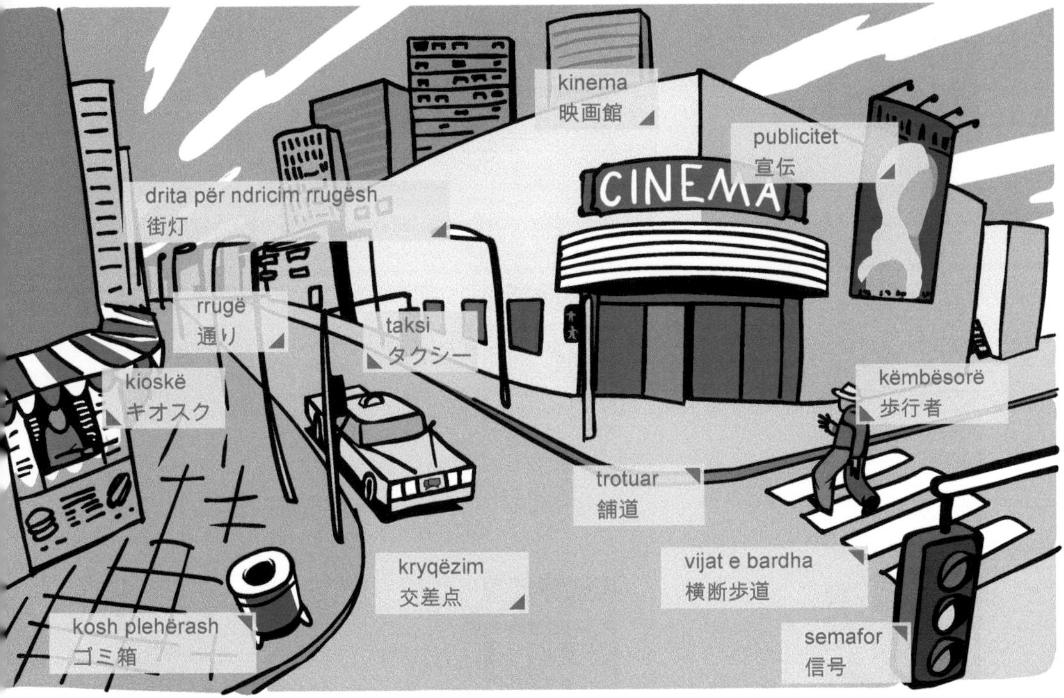
kinema
映画館
publicitet
宣伝
CINEMA
drita për ndricim rrugësh
街灯
rrugë
通り
taksi
タクシー
kioskë
キオスク
këmbësorë
歩行者
trotuar
舗道
kryqëzim
交差点
vijat e bardha
横断歩道
kosh plehërash
ゴミ箱
semafor
信号

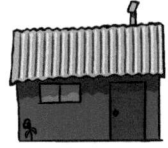

kasolle

小屋

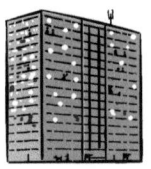

apartament

アパート

stacion treni

駅

bashki

市役所

MUSEUM

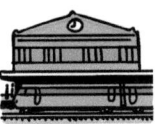

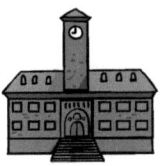

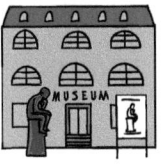

muze

美術館

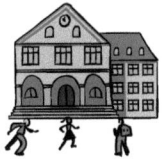

shkolla

学校

universitet

大学

bankë

銀行

spital

病院

hotel

ホテル

farmaci

薬局

zyrë

オフィス

librari

書店

dyqan

ショップ

dyqan lulesh

花屋

supermarket

スーパーマーケット

market

市場

mapo

デパート

dyqan peshku

魚屋

qëndër tregtare

ショッピングセンター

port

港

park

公園

stol

ベンチ

urë

橋

shkallë

階段

metro

地下鉄

tunel

トンネル

stacion autobuzi

バス停

bar

バー

restorant

レストラン

kuti postare

ポスト

sinjalistikë rrugore

道路標識

kohëmatës parkimi

パーキングメーター

kopsht zoologjik

動物園

pishinë

スイミングプール

xhami

モスク

fermë

農場

ndotje

汚染

varrezë

墓地

kishë

教会

shesh lojërash

遊び場

tempull

寺

peisazh

風景

gjethe
葉

tabela orientuese
道標

rrugë
道

livadh
草地

gurë
石

pemë
木

ekskursionist
ハイカー

lumë
川

bar
草

lule
花

luginë

谷

kodër

山

liqen

湖

pyll

森

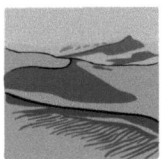

shkretëtirë

砂漠

vullkan

火山

kështjellë

城

ylber

虹

kepudhë

キノコ

palmë

ヤシの木

mushkonjë

蚊

mizë

ハエ

milingonë

蟻

bletë

ミツバチ

merimangë

クモ

brumbull

カブトムシ

bretkosë

蛙

ketër

リス

iriq

ハリネズミ

lepur

ウサギ

buf

フクロウ

zog

鳥

mjellmë

白鳥

derr i egër

雄豚

dre

鹿

dre brilopatë

ヘラジカ

digë

ダム

turbinë ere

風力タービン

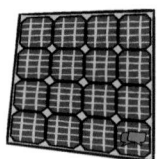

panel diellor

ソーラーパネル

klimë

気候

restorant
レストラン

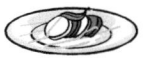

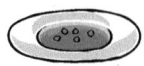

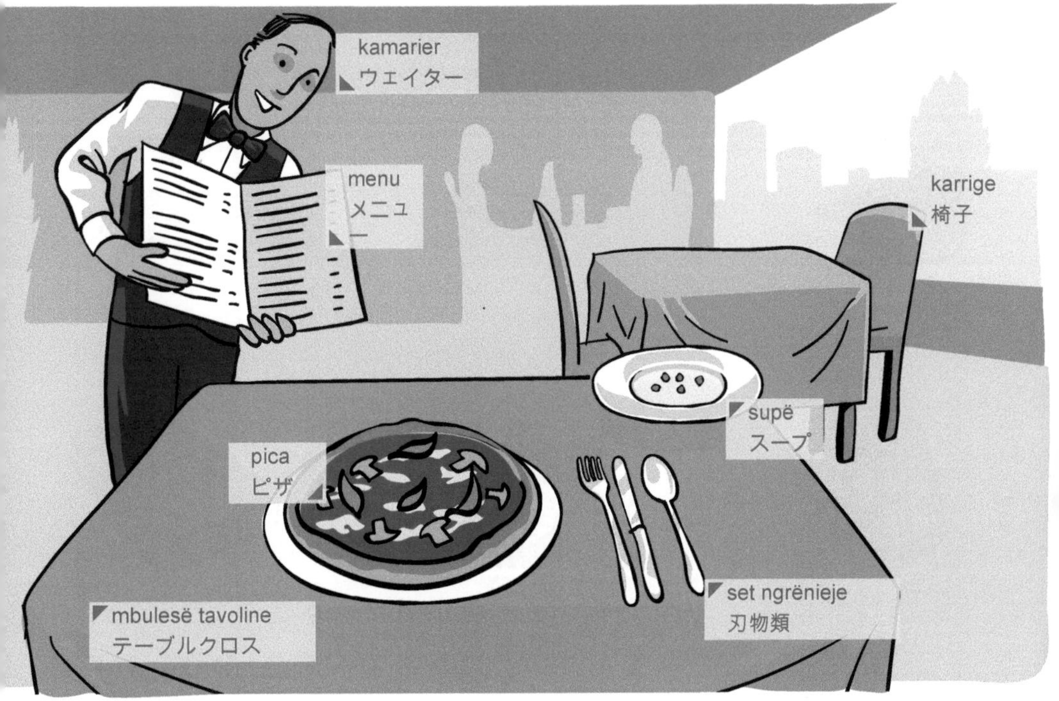
kamarier
ウェイター
menu
メニュー
karrige
椅子
supë
スープ
pica
ピザ
mbulesë tavoline
テーブルクロス
set ngrënieje
刃物類

pjatë e parë

前菜

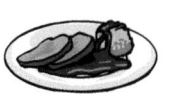

pjatë kryesore

メインコース

ëmbëlsirë

デザート

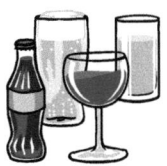

pije

飲み物

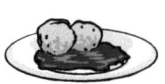

ushqim

食べ物

shishe

ボトル

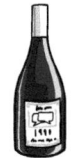

ushqim i shpejtë

ファストフード

ushqim i shërbyer në rrugë

屋台の食べ物

ibrik çaji

ティーポット

kuti sheqeri

砂糖入れ

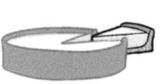

racion

一人前

makinë kafeje ekspres

エスプレッソマシン

karrige e lartë

幼児用食事椅子

faturë

請求書

tabaka

トレー

thika

ナイフ

pirun

フォーク

lugë

スプーン

lugë çaji

ティースプーン

pecetë

ナプキン

gotë

グラス

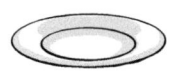

pjatë
皿

pjatë supe
スープ皿

pjatë filxhani
受け皿

salcë
ソース

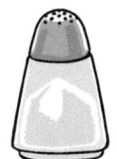

mbajtëse kripe
塩入れ

mulli piperi
ペッパーミル

uthull
酢

vaj
油

erëza
スパイス

keçap
ケチャップ

mustardë
マスタード

majonezë
マヨネーズ

supermarket
スーパーマーケット

oferté speciale
特価品
FOR
klient
顧客
produkte bulmeti
乳製品
frut
果物
karrocë pazari
ショッピング・カート

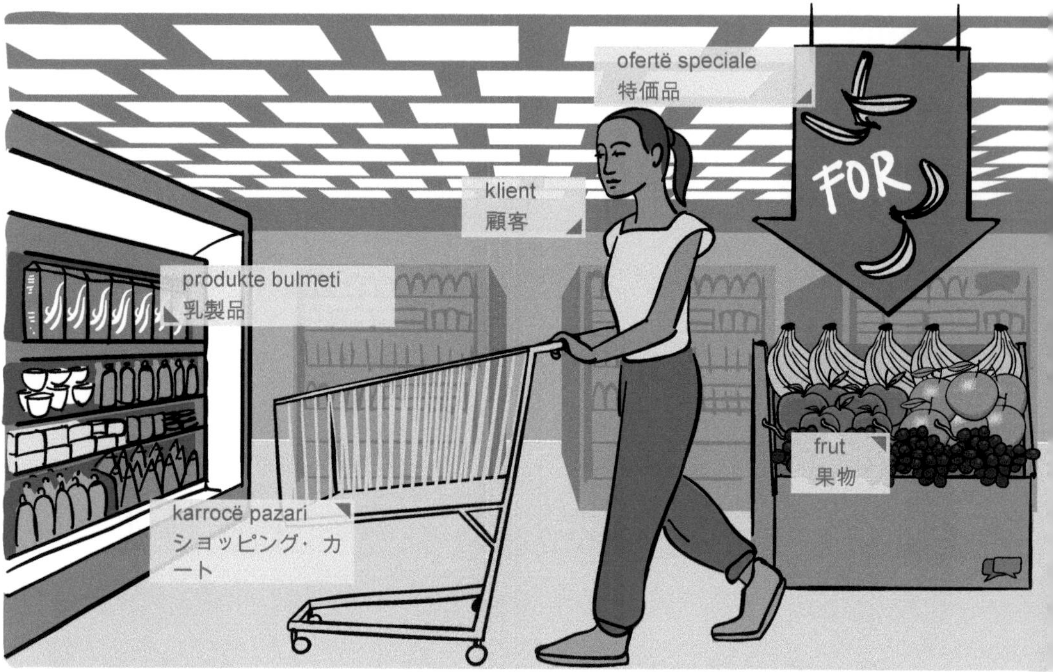

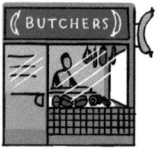

BUTCHERS

dyqan mishi

肉屋

BAKERY

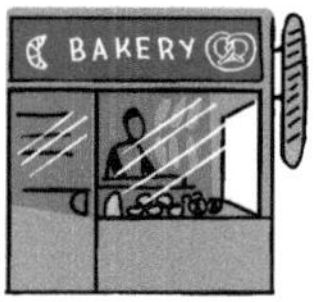

furrë buke

パン屋

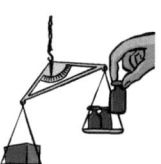

peshoj

重さをはかる

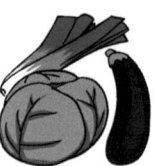

perime

野菜

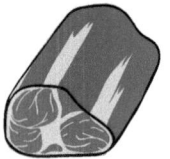

mish

肉

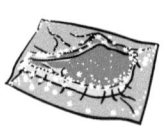

ushqim i ngrirë

冷凍食品

copë

冷肉の薄切り

ushqim i konservuar

缶詰食品

pluhur larës

洗剤

ëmbëlsirat

菓子

prodhime shtëpie

家庭用品

produkte pastrimi

清掃用品

shitëse

販売員

kasë fiskale

現金箱

arkëtar

レジ係

listë blerjeje

買い物リスト

oraret e punës

開館時刻

portofol

財布

kartë krediti

クレジットカード

çantë

バッグ

qese plastike

ポリ袋

ujë

水

lëng frutash

ジュース

qumësht

牛乳

koka-kola

コーラ

verë

ワイン

birrë

ビール

alkool

アルコール

kakao

ココア

çaj

紅茶

kafe

コーヒー

kafe ekspres

エスプレッソ

kapuçino

カプチーノ

banane

バナナ

mollë

リンゴ

portokalle

オレンジ

pjepër

メロン

limon

レモン

karrotë

ニンジン

hudhër

ニンニク

bambu

竹

qepë

玉ねぎ

kërpudha

キノコ

arra

ナッツ

makarona

ヌードル

spageti

スパゲッティ

oriz

米

sallatë

サラダ

patate të skuqura

フライドポテト

patate të skuqura

フライドポテト

pica

ピザ

hamburger

ハンバーガー

sanduiç

サンドウィッチ

shnicel

カツレツ

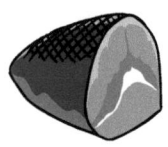

proshutë

ハム

sallam

サラミ

salçiçe

ソーセージ

pulë

鶏肉

skuq

焼き

peshk

魚

tërshërë

麦のお粥

drithëra

ムーズリ

kornfleiks

コーンフレーク

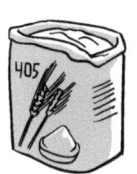

miell

小麦粉

kruasant

クロワッサン

panine

ロールパン

bukë

パン

tost

トースト

biskotë

ビスケット

gjalp

バター

gjizë

カッテージチーズ

tortë

ケーキ

vezë

卵

vezë sy

目玉焼き

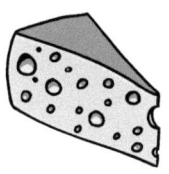

djathë

チーズ

akullore

アイスクリーム

sheqer

砂糖

mjaltë

はちみつ

marmaladë

ジャム

çokokrem

ヌガークリーム

këri

カレー

fermë

農場

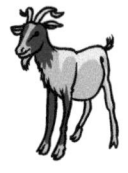

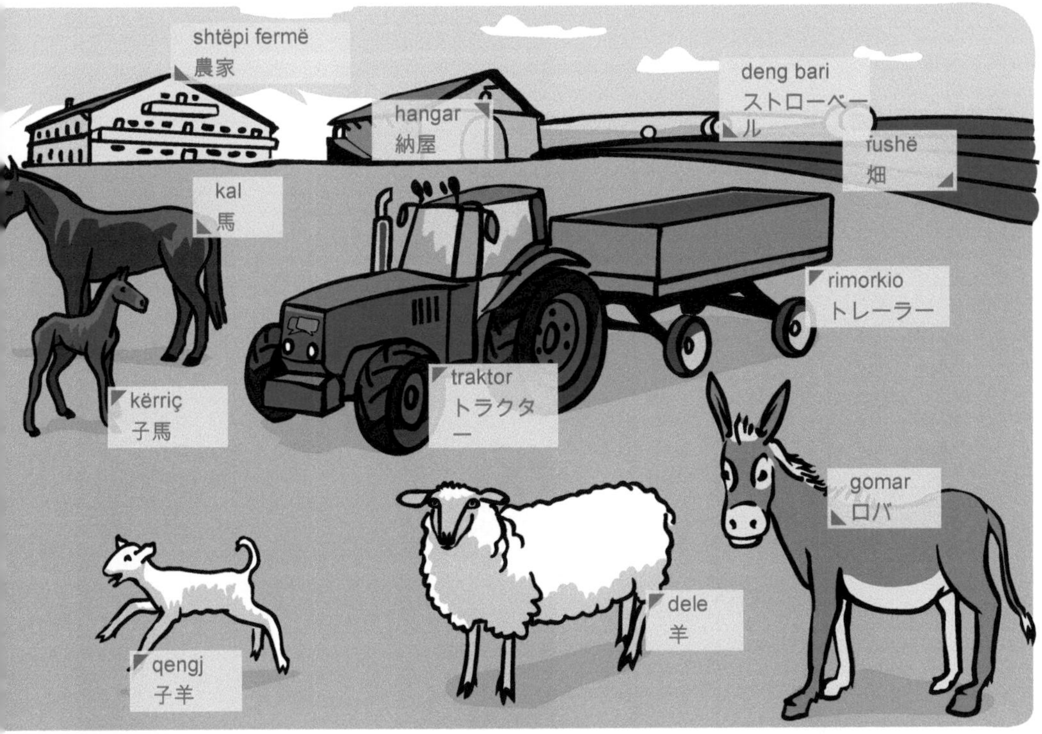

shtëpi fermë
農家
hangar
納屋
deng bari
ストローベール
fushë
畑
kal
馬
rimorkio
トレーラー
traktor
トラクター
kërriç
子馬
gomar
ロバ
dele
羊
qengj
子羊

dhi

ヤギ

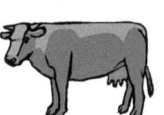

lopë

雌牛

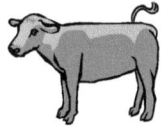

viç

子牛

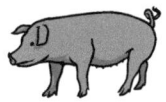

derr

豚

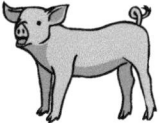

derrkuc

子豚

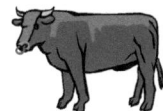

dem

雄牛

patë

ガチョウ

rosë

アヒル

zog pule

ひよこ

pulë

にわとり

gjel

おんどり

mi

ネズミ

mace

猫

mi

ねずみ

buall

雄牛

qen

犬

kolibe qeni

犬小屋

zorrë vaditëse

散水ホース

vaditëse

じょうろ

kosë

大鎌

plug

すき

drapër

草刈り鎌

shat

くわ

kosa

堆肥用フォーク

sëpatë

斧

karrocë

手押し車

govatë

かいばおけ

bidon qumështi

牛乳缶

thes

袋

gardh

フェンス

ahur

畜舎

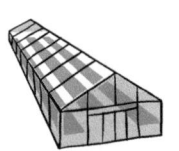

serë

温室

dhe

土壌

farë

種

pleh

肥料

autokombanjë

コンバイン

korr

収穫する

te korrat

収穫

patate e ëmbël "Yam"

ヤマイモ

grurë

小麦

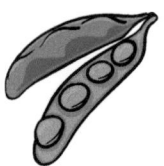

soja

大豆

patate

じゃがいも

misër

トウモロコシ

raps

菜種

pemë frutore

果樹

zhardhok manioku

キャッサバ

drithëra

穀物

shtëpi
家

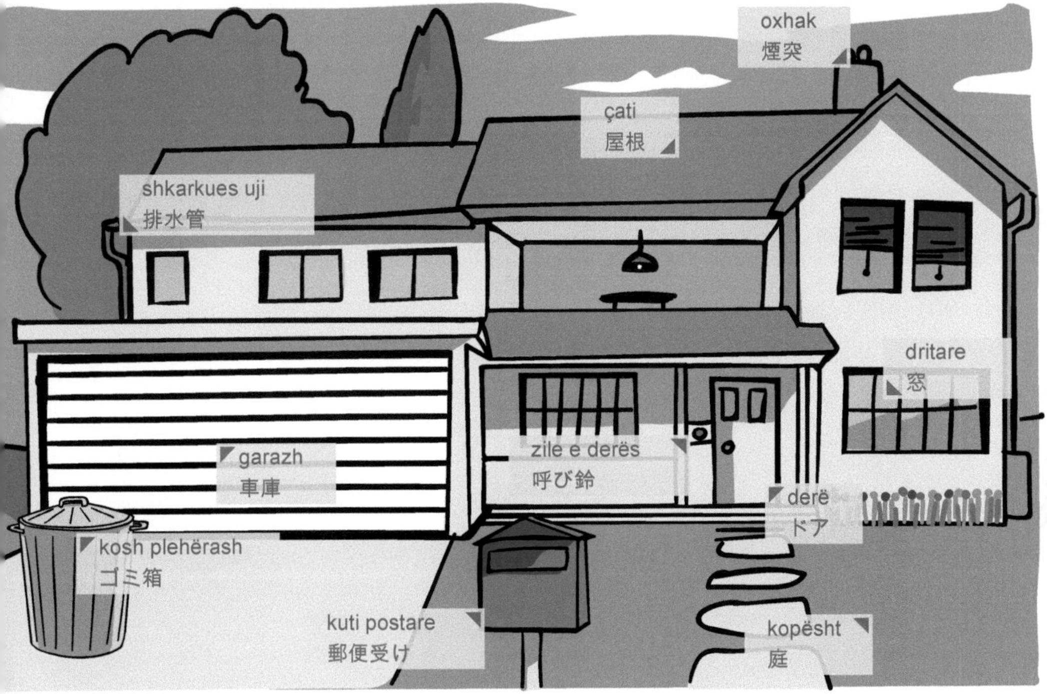
oxhak
煙突
çati
屋根
shkarkues uji
排水管
dritare
窓
garazh
車庫
zile e derës
呼び鈴
derë
ドア
kosh plehërash
ゴミ箱
kuti postare
郵便受け
kopësht
庭

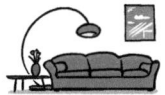

dhomë ndenjeje
リビングルーム

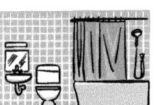

tualet
浴室

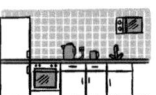

kuzhinë
台所

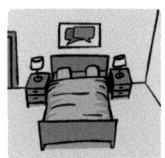

dhomë gjumi
寝室

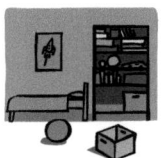

dhomë fëmijësh
子供部屋

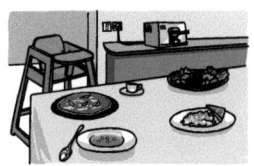

dhomë ngrënieje
ダイニング・ルーム

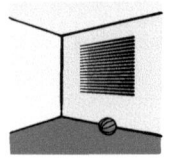

dysheme

床

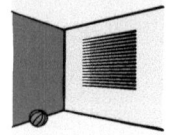

mur

壁

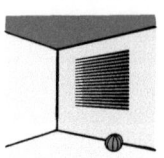

tavan

天井

bodrum

地下貯蔵庫

sauna

サウナ

ballkon

バルコニー

tarracë

テラス

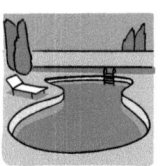

pishinë

プール

kositëse bari

芝刈り機

çarçaf

シーツ

kuvertë

ベッドカバー

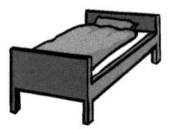

krevat

ベッド

fshesë dore

ほうき

kovë

バケツ

çelës

スイッチ

dhomë ndenjeje
リビングルーム

tapiceri
壁紙
fotografi
絵
llambë
ランプ
raft
棚
dollap
食器棚
pajisje televizive
テレビ
vatër
暖炉
lule
花
jastëk
クッション
divan
ソファ
vazo
花瓶
telekomandë
リモコン

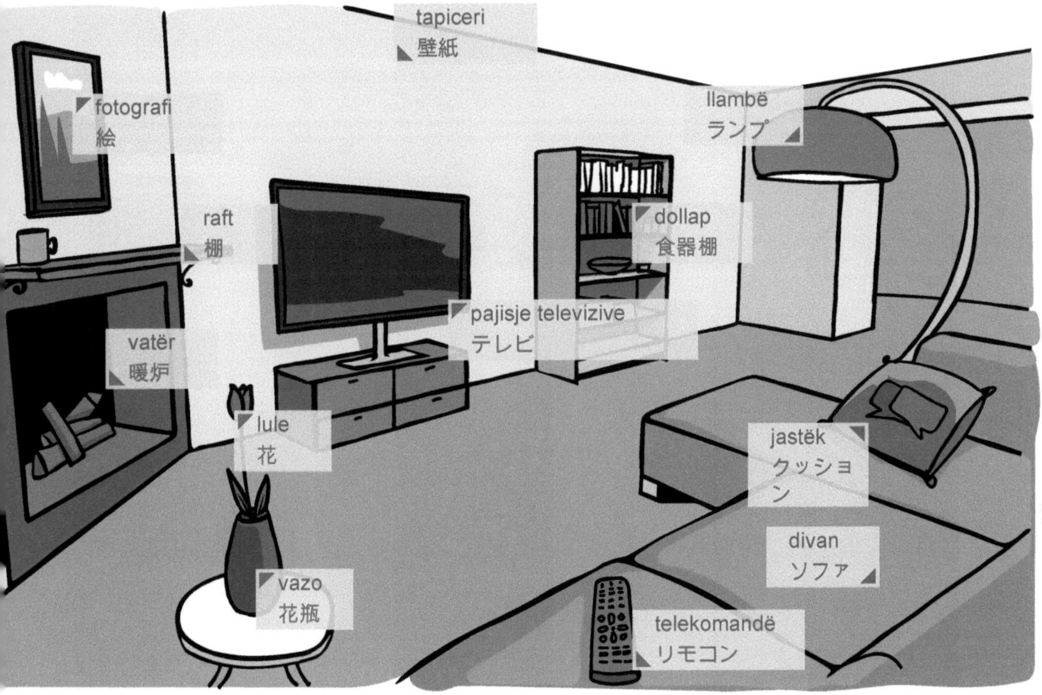

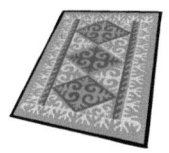

qilim

カーペット

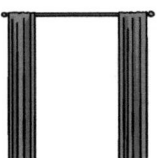

perde

カーテン

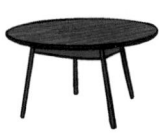

tavolinë

テーブル

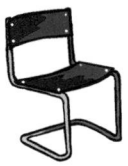

karrige

椅子

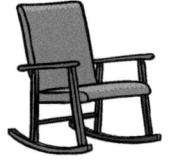

karrige lëkundëse

ロッキングチェア

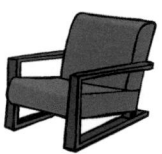

kolltuk

ひじ掛け椅子

libri

本

batanije

毛布

zbukurime

飾り

dru zjarri

たきぎ

film

映画

stereo

ステレオ

çelës

鍵

gazetë

新聞

pikturë

絵画

afishe

ポスター

radio

ラジオ

bllok shënimesh

メモ帳

fshesë me korent

掃除機

kaktus

サボテン

qiri

ろうそく

kuzhinë
台所

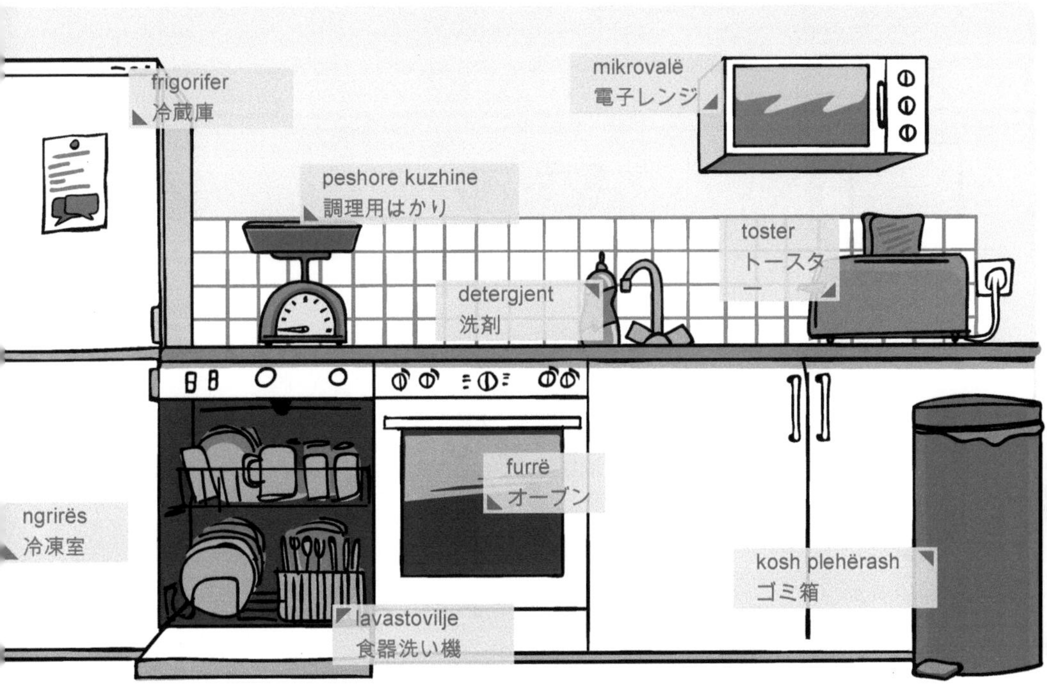

frigorifer
冷蔵庫
mikrovalë
電子レンジ
peshore kuzhine
調理用はかり
toster
トースター
detergjent
洗剤
furrë
オーブン
ngrirës
冷凍室
kosh plehërash
ゴミ箱
lavastovilje
食器洗い機

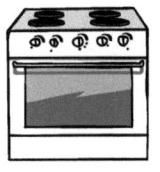

sobë

こんろ

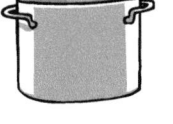

tenxhere

鍋

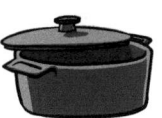

tenxhere me kapak

鉄鍋

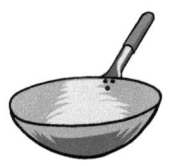

tigan special (Wok)

中華鍋/ カダイ鍋

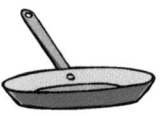

tigan

フライパン

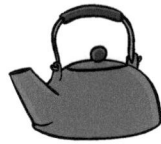

çajnik

やかん

tenxhere me avull

蒸し器

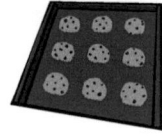

tavë pjekjeje

天板

enë

食器

filxhan

マグカップ

tas

ボウル

shkopinj

箸

garuzhde

おたま

spatul

へら

tel kuzhine

泡立て器

kulluese

こし器

sitë

ふるい

rende

すりおろし器

havan

すり鉢

skarë

バーベキュー

zjarr

かまど

dërrasë për prerje

まな板

okllai

麺棒

heqëse tapash

栓抜き

kanaçe

缶

hapëse kanaçeje

缶切り

rrobë për të kapur tenxheren

鍋つかみ

lavaman

流し

furçë

ブラシ

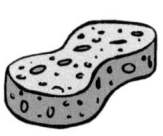

sfungjer

スポンジ

përzjerës

ミキサー

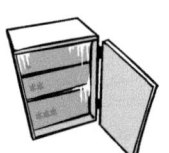

ngrirës

冷凍庫

biberon për lëngje

哺乳瓶

rubinet

蛇口

tualet

浴室

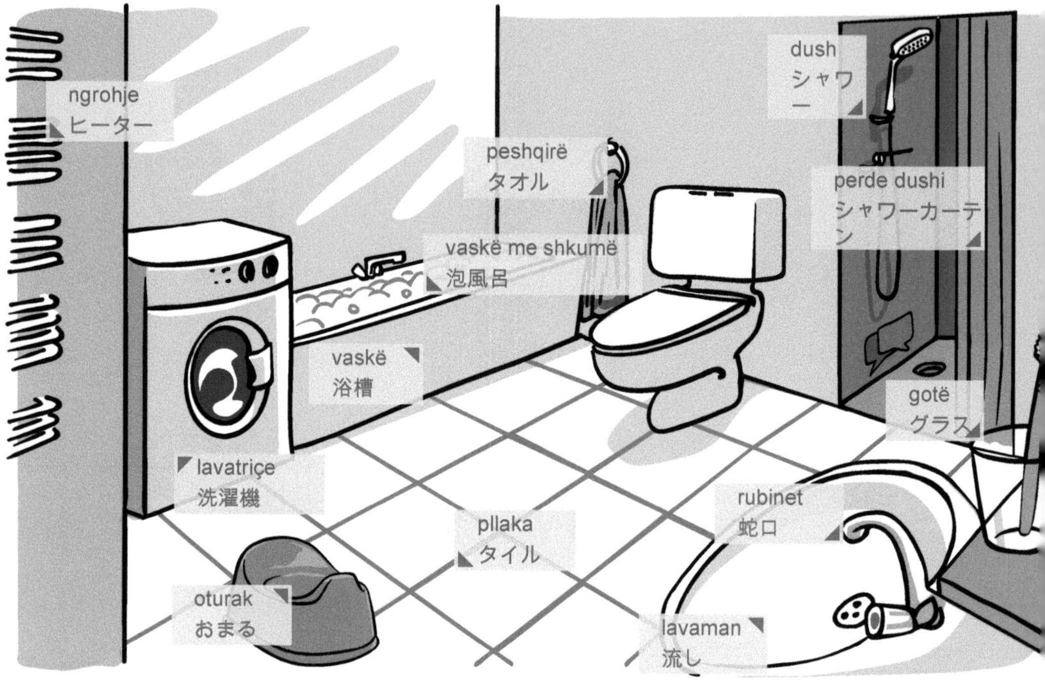

ngrohje
ヒーター
peshqirë
タオル
dush
シャワー
perde dushi
シャワーカーテン
vaskë me shkumë
泡風呂
vaskë
浴槽
lavatriçe
洗濯機
gotë
グラス
rubinet
蛇口
pllaka
タイル
oturak
おまる
lavaman
流し

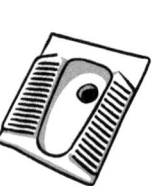

tualet

トイレ

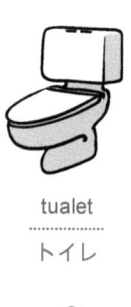

WC e sheshtë

和式トイレ

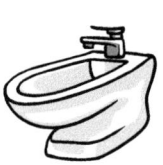

bide

ビデ

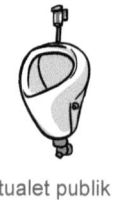

tualet publik

小便器

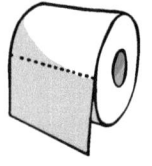

letër higjienike

トイレットペーパー

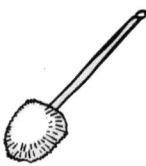

furçe për WC

トイレブラシ

furçë dhëmbësh

歯ブラシ

pastë dhëmbësh

歯みがき

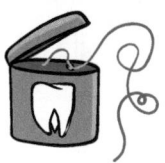

fije dentare

デンタルフロス

laj

洗う

dorezë dushi

シャワーヘッド

larës për zonën intime

ハンドビデ

legen

洗面台

furçë për masazh shpine

ボディブラシ

sapun

石鹸

shampo trupi

シャワー用ジェル

shampo

シャンプー

leckë pastruese

浴用タオル

kullues

排水口

krem

クリーム

antidjersë

消臭

pasqyrë

鏡

pasqyrë dore

手鏡

brisk rroje

かみそり

shkumë rroje

シェービング・フォーム

locion pas rrojes

アフターシェーブローション

krehër

櫛

furçë

ブラシ

tharëse flokësh

ドライヤー

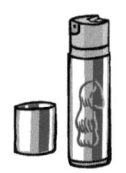

llak për flokët

ヘアスプレー

grim

化粧

buzëkuq

口紅

manikyr

マニキュア

mbushje pambuku

脱脂綿

gërshërë për thonj

爪切り

parfum

香水

antë për sendet personale

洗面用具入れ

Stol

スツール

peshore

体重計

robëdëshambër

バスローブ

dorashka gome

ゴム手袋

tampon

タンポン

peceta higjienike

生理用ナプキン

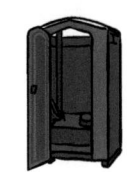

tualet I lëvizshëm

ケミカルトイレ

dhomë fëmijësh

子供部屋

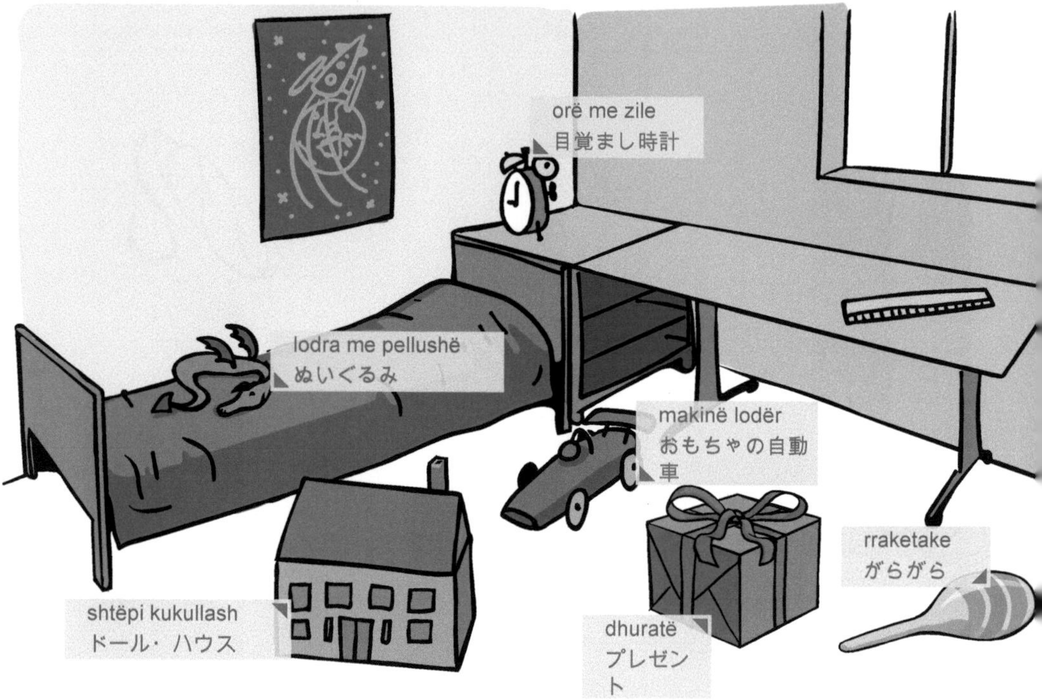
orë me zile
目覚まし時計
lodra me pellushë
ぬいぐるみ
makinë lodër
おもちゃの自動車
rraketake
がらがら
shtëpi kukullash
ドール・ハウス
dhuratë
プレゼント

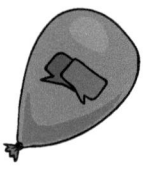

tollumbace

風船

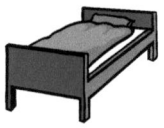

krevat

ベッド

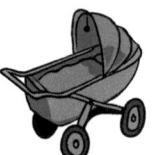

karrocë fëmijësh

ベビーカー

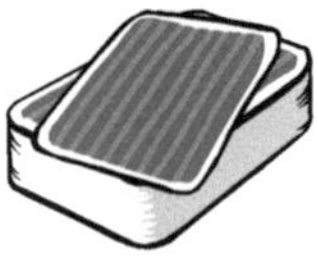

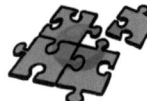

lojë me letra

カードゲーム

bashkim pjesësh me figura

ジグソーパズル

SUPER MEGA

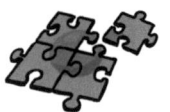

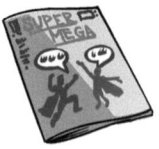

komik

漫画

formuese lodër
レゴ

kuba plastikë
玩具ブロック

lodra
アクションフィギュア

badi
ロンパース

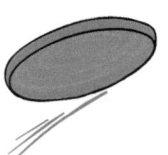

frizbi
フリスビー

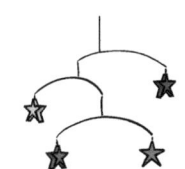

lodra të varura tek krevati i
fëmijëve
モバイル

tavolinë lojërash
ボードゲーム

zare
さいころ

model treni
鉄道模型

biberon
おしゃぶり

festë
パーティー

libër me ilustrime
絵本

top
ボール

kukull
人形

luaj
遊ぶ

grumbull rëre

砂場

kolovarëse

ブランコ

lodra

おもちゃ

leva për lojra video

ゲーム機

triçikël

三輪車

arush prej pellushi

テディベア

garderobë

衣装ダンス

veshje

衣服

çorape

靴下

çorape të gjata

ストッキング

geta

タイツ

shall
スカーフ

çadër
雨傘

bluzë pa jakë
Tシャツ

rrip
ベルト

çizme
ブーツ

pantofla
スリッパ

atlete
スニーカー

sandale
サンダル

këpucë
靴

çizme llastiku
ゴム長靴

të mbathura
パンツ

reçipeta
ブラ

kanotierë
ベスト

trup

ボディースーツ

pantallona

ズボン

xhinse

ジーンズ

fund

スカート

bluzë

ブラウス

këmishë

シャツ

pulovër

セーター

triko

パーカー

xhaketë

ブレザー

xhaketë

ジャケット

pallto

コート

mushama shiu

レインコート

kostum

服装

fustan

ドレス

fustan nusërie

ウェディングドレス

kostum
スーツ

këmishë nate
ナイトガウン

pizhama
パジャマ

sari (veshje tradicionale indiane)
サリー

shami koke
ヘッドスカーフ

çallmë
ターバン

eshje për femrat e besimit musliman
ブルカ

kaftan (lloj veshjeje tradicionale)
カフタン

ferexhe
アバヤ

kostum banje
水着

rroba banje
トランクス

pantallona të shkurtra
半ズボン

tuta sporti
スウェットスーツ

përparëse
エプロン

dorashka
手袋

kopsë

ボタン

syze

メガネ

byzylyk

ブレスレット

gjerdan

ネックレス

unazë

指輪

vath

イヤリング

kapuç

帽子

varëse për pallto

ハンガー

kapele

帽子

kravatë

ネクタイ

zinxhir

ファスナー

helmetë

ヘルメット

tiranda

サスペンダー

uniformë shkolle

制服

uniformë

ユニフォーム

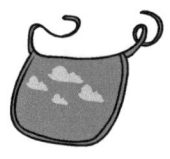

gushore

よだれかけ

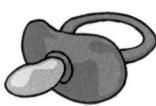

biberon

おしゃぶり

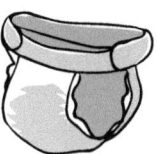

pelenë

おむつ

zyrë

オフィス

server
サーバ
skedar
書類キャビネット
printer
プリンター
letër
紙
ekran
モニター
tavolinë
事務机
maus
マウス
dosje
フォルダー
tastierë
キーボード
karrige
椅子
kosh letrash
ごみ箱
kompjuter
コンピューター

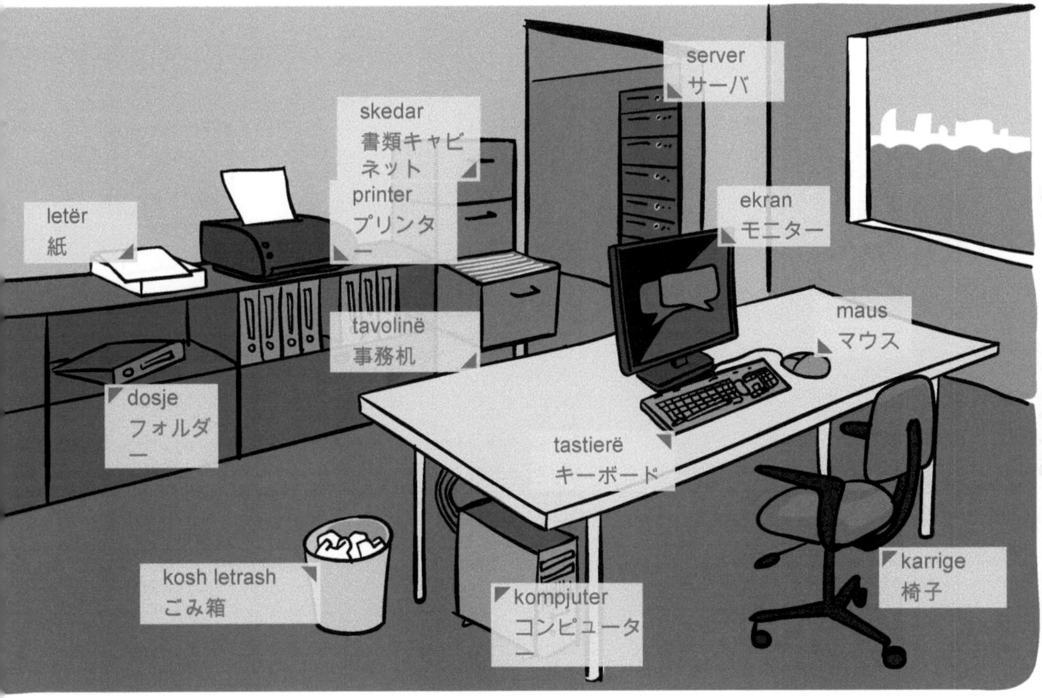

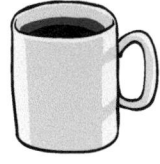

filxhan kafeje

コーヒーマグ

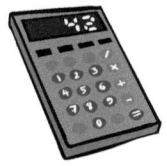

makinë llogaritëse

計算機

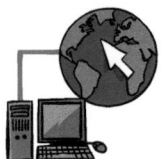

internet

インターネット

kompjuter portativ

ラップトップ

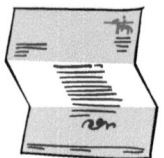

letër

手紙

mesazh

メッセージ

telefon

携帯電話

rrjet

ネットワーク

fotokopje

コピー機

program

ソフトウェア

telefon

電話

prizë

コンセント

pajisje faksi

ファックス

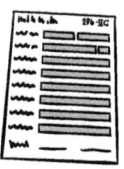

formular

フォーム

dokument

書類

blej

買う

paguaj

支払う

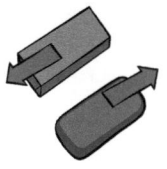

tregtoj

取引する

para

お金

dollar

ドル

euro

ユーロ

jen

円

rubla

ルーブル

franga zvicerane

スイスフラン

juani kinez

人民元

rupje

ルピー

bankomat

キャッシュポイント

pikë këmbimi valutor

両替所

ar

金

argjend

銀

nafta

油

energji

エネルギー

çmim

価格

kontratë

契約

taksë

税金

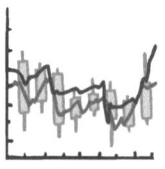

aksione

株

punoj

働く

punonjës

従業員

punëdhënës

雇用主

fabrikë

工場

dyqan

ショップ

profesionet
職業

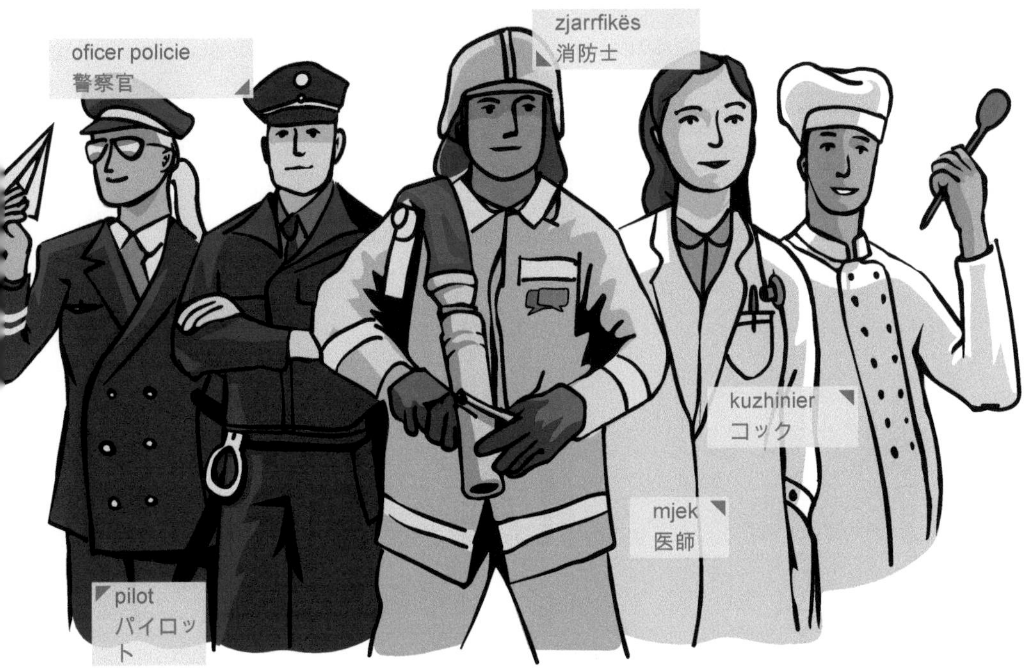

oficer policie
警察官
zjarrfikës
消防士
kuzhinier
コック
mjek
医師
pilot
パイロット

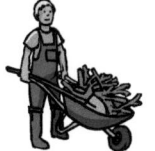

kopshtar

庭師

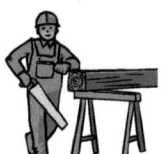

marangoz

大工

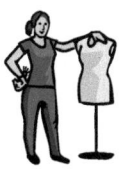

rrobaqepëse

お針子

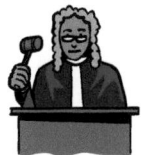

gjykatës

裁判官

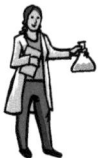

kimist

化学者

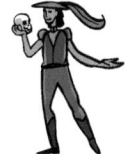

aktor

俳優

shofer autobuzi

バスの運転手

taksist

タクシー運転手

peshkatar

漁師

pastruese

掃除婦

riparues çatish

屋根ふき職人

kamarier

ウェイター

gjuetar

ハンター

piktor

塗装工

furrxhi

パン屋

elektriçist

電気工

ndërtues

建設作業員

inxhinier

エンジニア

kasap

肉屋

hidraulik

配管工

postieri

郵便配達人

ushtar

軍人

arkitekt

建築家

arkëtar

レジ係

luleshitës

花屋

berber

美容師

kontrollor

車掌

mekanik

機械工

kapiten

キャプテン

dentist

歯科医

shkencëtar

科学者

rabin

ラビ

imam

イスラム導師

murg

修道士

klerik

牧師

mjete

道具

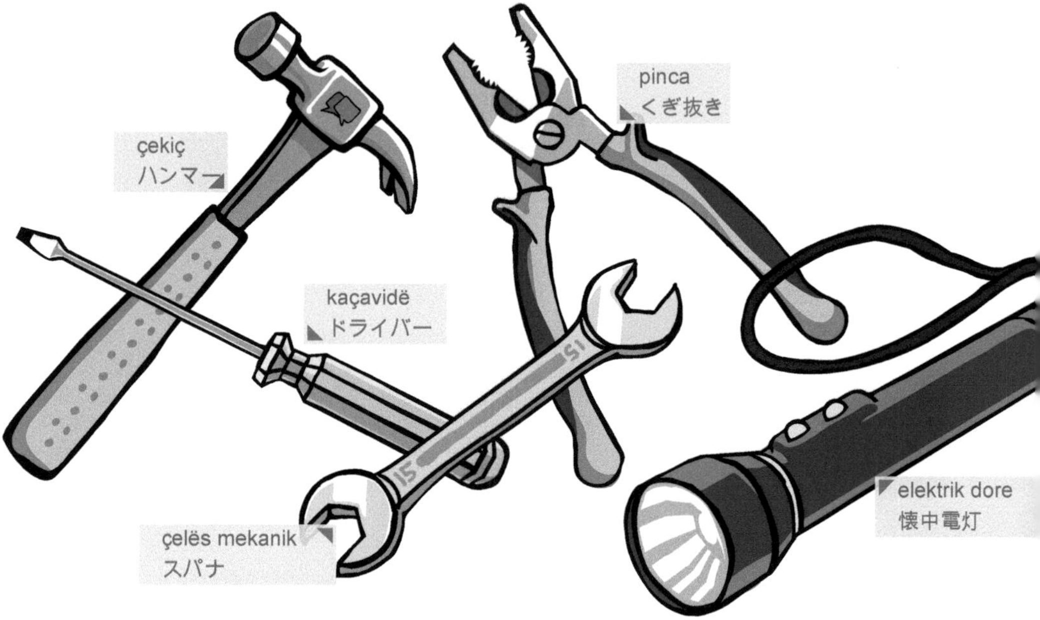

pinca
くぎ抜き
çekiç
ハンマ
kaçavidë
ドライバー
elektrik dore
懐中電灯
çelës mekanik
スパナ

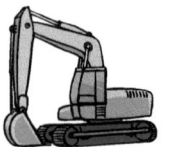

ekskavator
掘削機

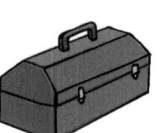

kuti veglash
道具箱

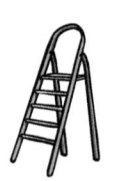

shkallë
はしご

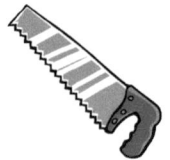

sharrë
のこぎり

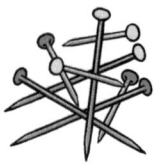

gozhdë
釘

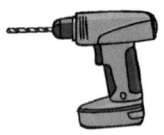

trapan
ドリル

riparoj
修理する

lopatë
シャベル

Dreq!
クソ！

kaci
ちりとり

kuti boje
ペンキ缶

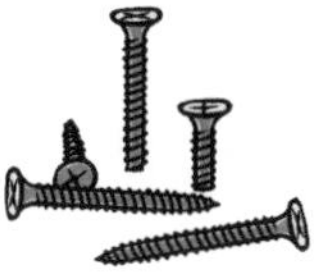

vidhë
ネジ

instrumenta muzikorë
楽器

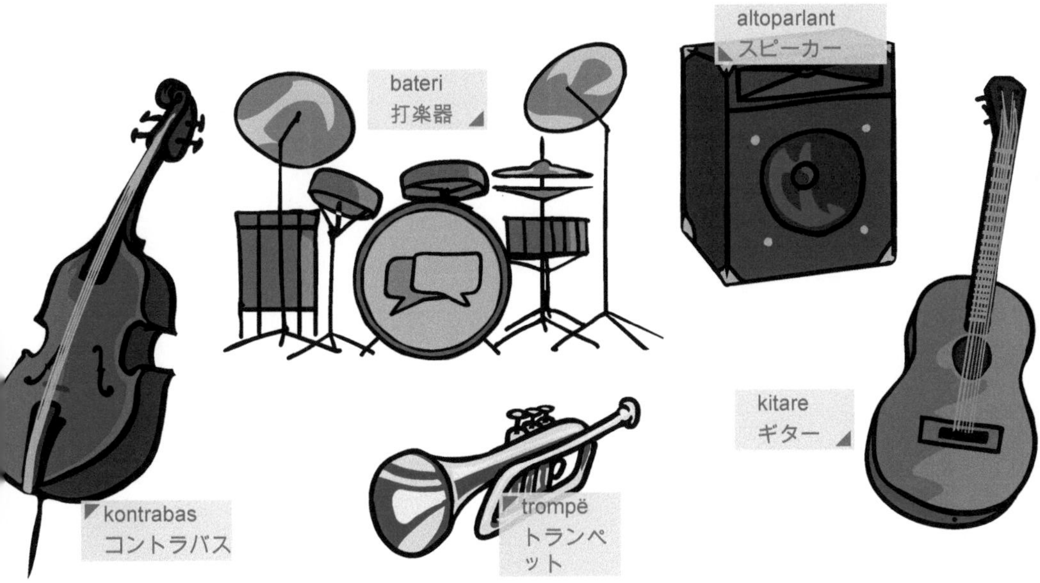

altoparlant
スピーカー

bateri
打楽器

kitare
ギター

kontrabas
コントラバス

trompë
トランペ
ット

piano

ピアノ

violinë

バイオリン

bas

バス

tamburë

ティンパニ

daulle

ドラム

tastierë pianoje

キーボード

saksofon

サックス

flaut

フルート

mikrofon

マイクロフォン

kopsht zoologjik

動物園

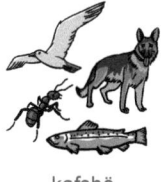

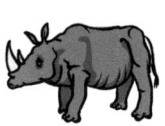

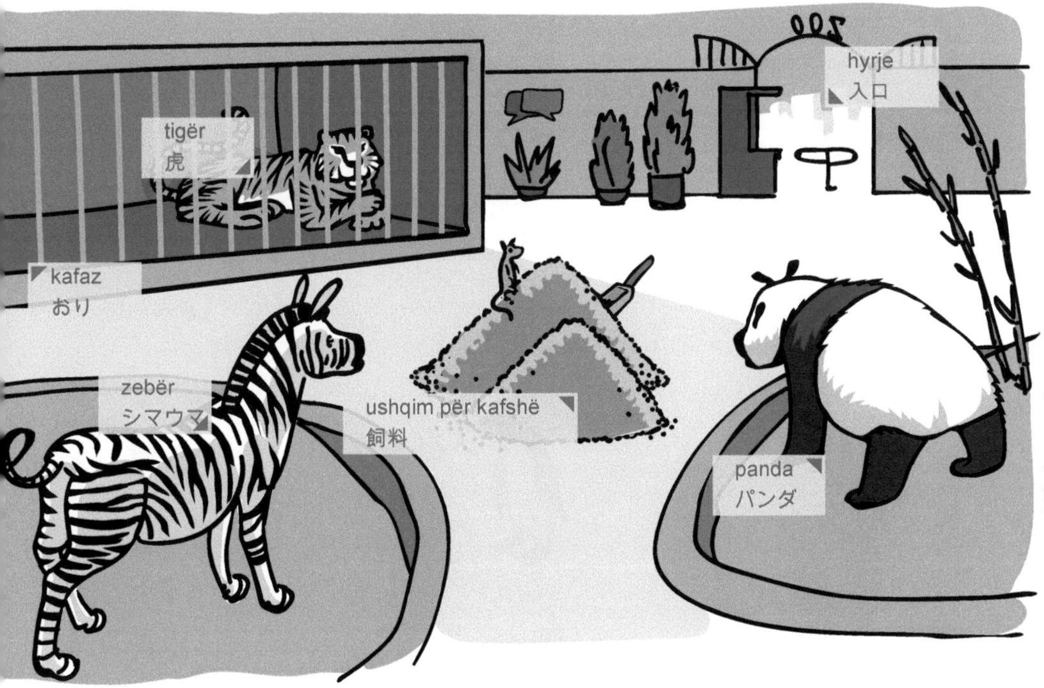
tigër
虎
hyrje
入口
kafaz
おり
zebër
シマウマ
ushqim për kafshë
飼料
panda
パンダ

kafshë

動物

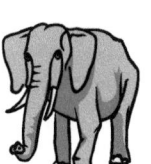

elefant

象

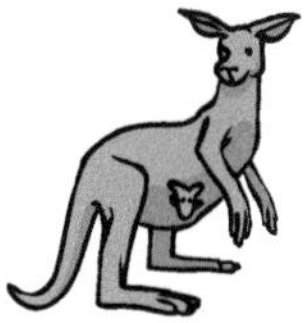

kangur

カンガルー

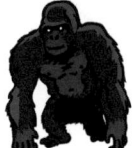

rinoceront

サイ

gorillë

ゴリラ

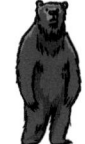

ari

熊

deve

ラクダ

struc

ダチョウ

luan

ライオン

majmun

猿

flamingo

フラミンゴ

papagall

オウム

ari polar

白クマ

pinguin

ペンギン

peshkaqen

サメ

pallua

クジャク

gjarpër

蛇

krokodil

ワニ

punonjës i kopshtit zoologjik

飼育係

fokë

アザラシ

xhaguar

ジャガー

poni

ポニー

leopard

ヒョウ

hipopotam

カバ

gjirafë

キリン

shqiponjë

鷲

derr i egër

雄豚

peshk

魚

breshkë

亀

lopë deti

セイウチ

dhelpër

狐

gazelë

ガゼル

futboll amerikan
アメフト

çiklizëm
サイクリング

tenis
テニス

basketboll
バスケットボール

not
水泳

boks
ボクシング

hokej mbi akull
アイスホッケー

futboll
サッカー

badminton
バドミントン

atletikë
陸上競技

hendboll
ハンドボール

ski
スキー

polo
ポロ

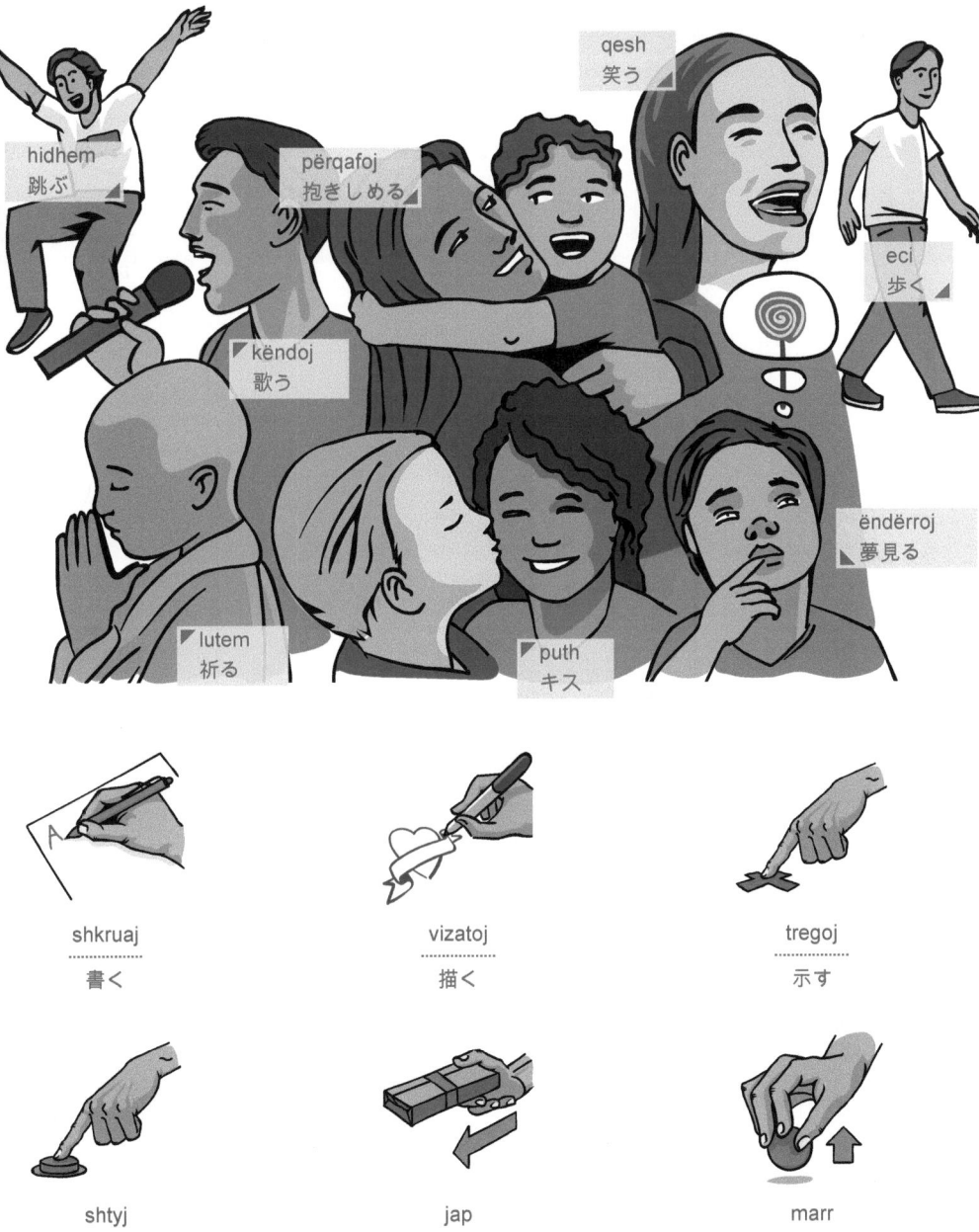

hidhem
跳ぶ

përqafoj
抱きしめる

qesh
笑う

eci
歩く

këndoj
歌う

ëndërroj
夢見る

lutem
祈る

puth
キス

shkruaj
書く

vizatoj
描く

tregoj
示す

shtyj
押す

jap
与える

marr
取る

kam

持っている

bëj

する

jam

ある

qëndroj

立つ

vrapoj

走る

tërheq

引く

hedh

投げる

bie

落ちる

shtrihem

横たわっている

pres

待つ

mbaj

運ぶ

ulem

座る

vishem

着る

fle

眠る

zgjohem

目が覚める

shikoj

見る

qaj

泣く

përkëdhel

なでる

kreh

櫛ですく

bisedoj

話す

kuptoj

理解する

kërkoj

質問する

dëgjoj

聞く

pi

飲む

ha

食べる

sistemoj

片づける

dashuroj

愛する

gatuaj

料理する

drejtoj makinën

運転する

fluturoj

飛ぶ

lundroj

ヨットに乗る

llogaris

計算する

lexoj

読む

mësoj

学ぶ

punoj

働く

martohem

結婚する

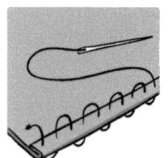

qep

縫う

laj dhëmbët

歯を磨く

vras

殺す

tymos

喫煙する

dërgoj

送る

familje

家族

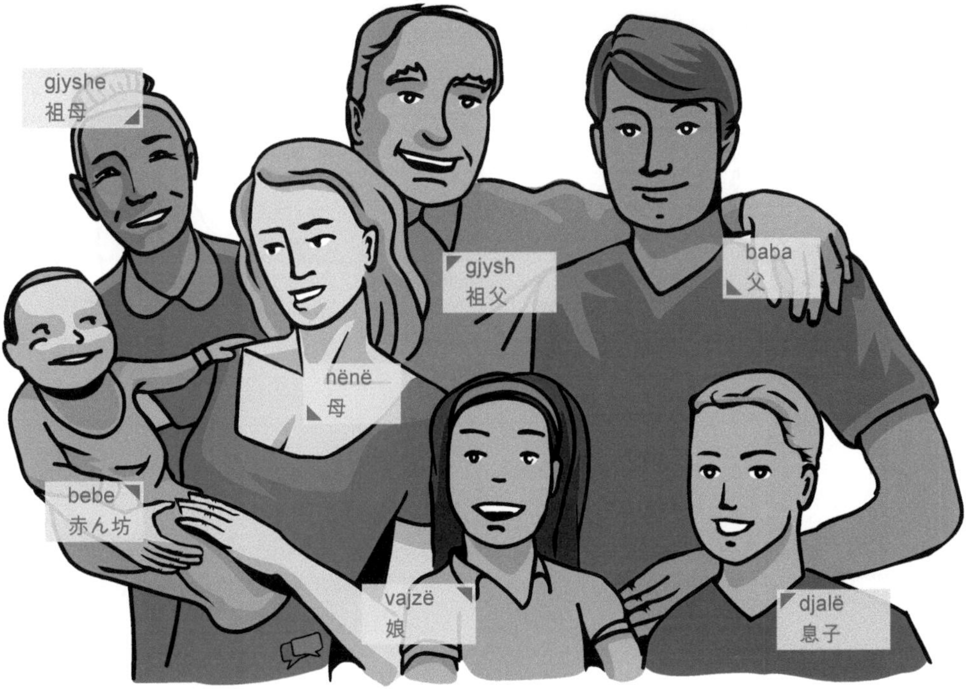

gjyshe
祖母
gjysh
祖父
baba
父
nënë
母
bebe
赤ん坊
vajzë
娘
djalë
息子

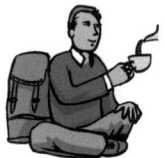

mysafir

お客様

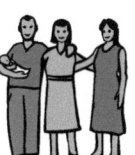

teze, hallë

おば

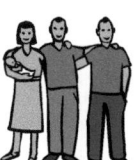

dajë, xhaxha

おじ

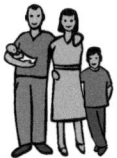

vëlla

兄弟

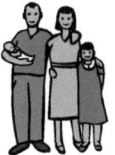

motër

姉妹

trupi

体

balli
ひたい
syri
目
shpatulla
肩
gishti
指
fytyra
顔
mjekra
あご
dora
手
këmba
脚
krahërori
胸
krahu
腕

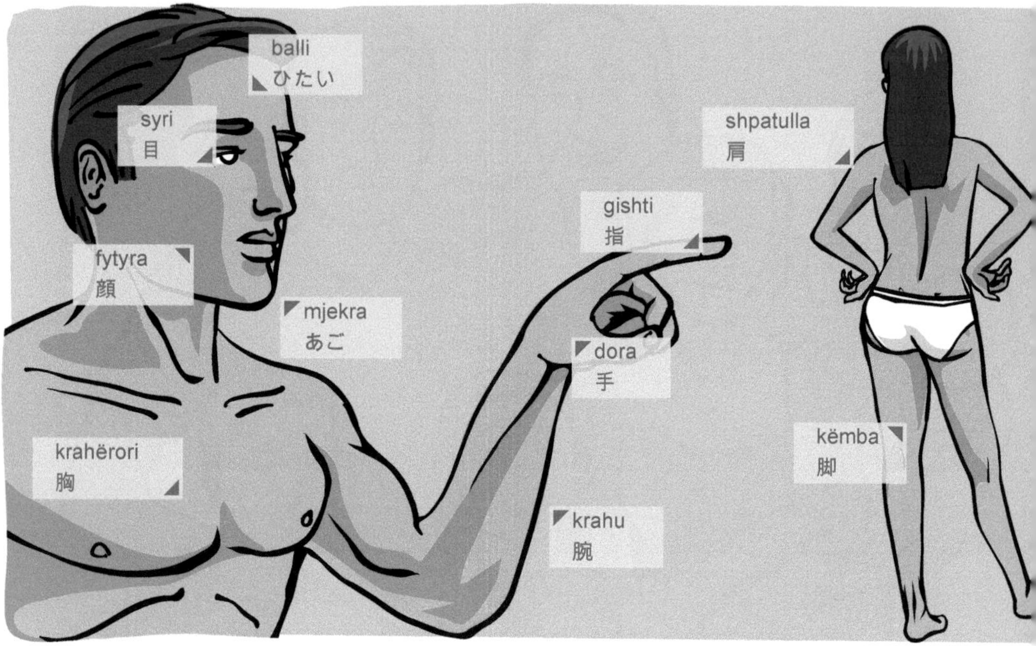

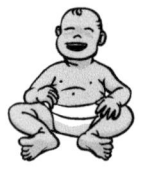

bebe

赤ん坊

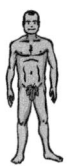

burrë

男性

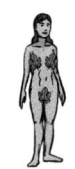

grua

女性

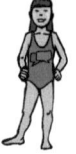

vajzë

少女

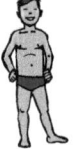

djalë

少年

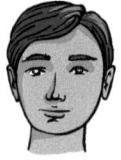

koka

頭

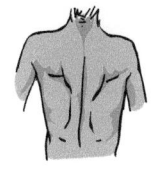

shpina

背中

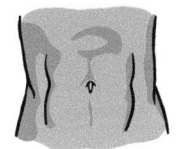

barku

腹

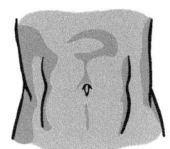

kërthiza

へそ

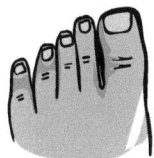

gisht këmbe

足指

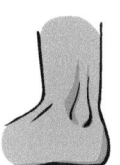

Thembra

かかと

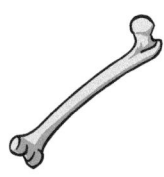

kockë

骨

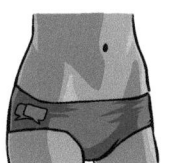

legeni

腰

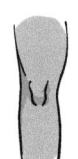

gjuri

ひざ

bërryli

ひじ

hunda

鼻

vithe

尻

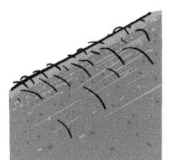

lëkura

皮膚

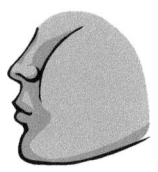

faqja

頬

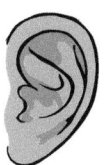

veshi

耳

buza

唇

trupi - 体

goja

口

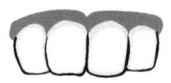

dhëmbët

歯

gjuha

舌

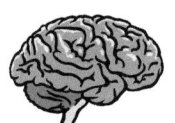

truri

脳

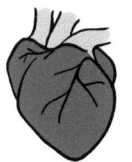

zemra

心臓

muskul

筋肉

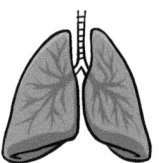

mushkëria

肺

mëlçia

肝臓

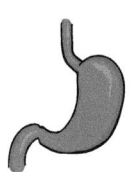

stomaku

胃

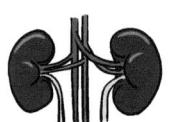

veshka

腎臓

seks

セックス

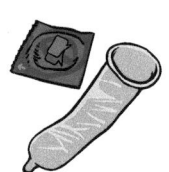

prezervativ

コンドーム

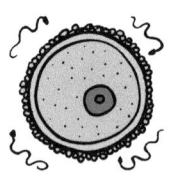

veza

卵細胞

sperma

精液

shtatëzani

妊娠

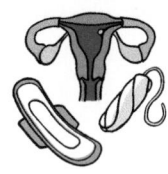

menstruacione

月経

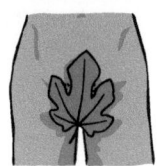

vagina

膣

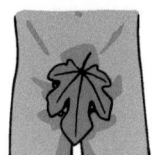

penis

ペニス

vetulla

眉

flokët

髪

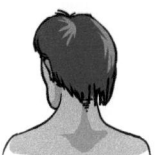

qafa

首

trupi - 体

71

spital
病院

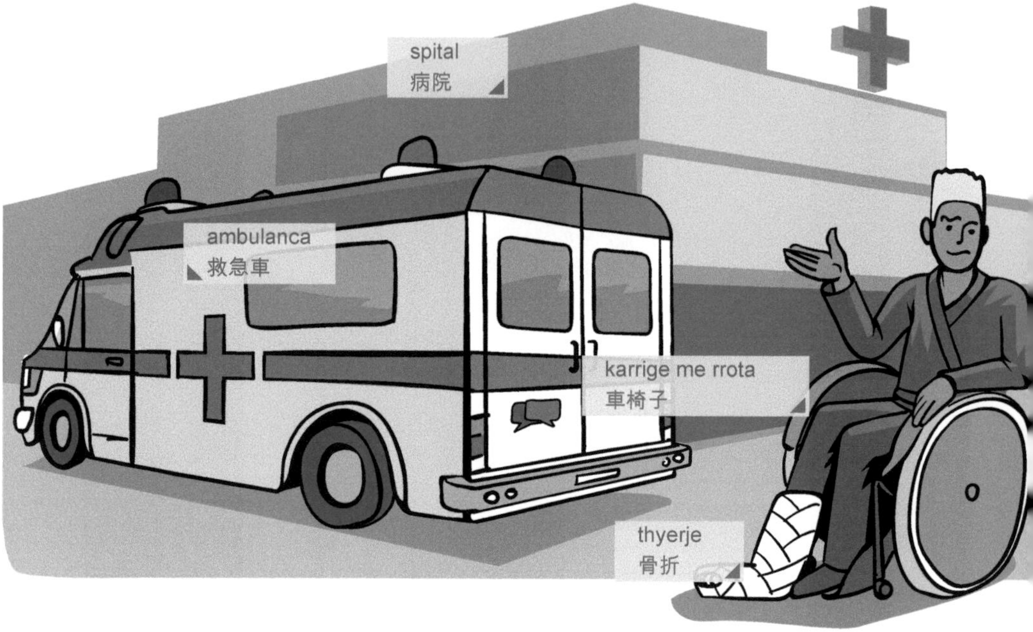

spital
病院
ambulanca
救急車
karrige me rrota
車椅子
thyerje
骨折

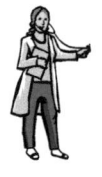

mjek
医師

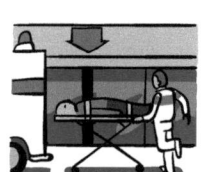

sallë urgjencash
救急治療室

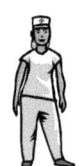

infermiere
看護師

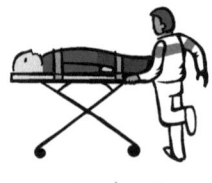

emergjencë
救急

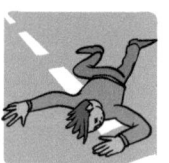

i pandërgjegjshëm
失神

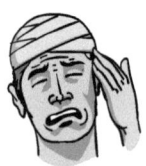

dhimbje
痛み

dëmtim

けが

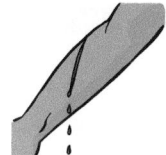

gjakosje

出血

infarkt

心臓発作

goditje

脳卒中

alergji

アレルギー

kolla

咳

ethe

熱

grip

インフルエンザ

diarre

下痢

dhimbje koke

頭痛

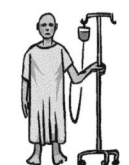

kancer

癌

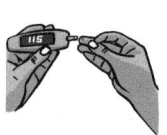

diabet

糖尿病

kirurg

外科医

bisturi

外科用メス

operacion

手術

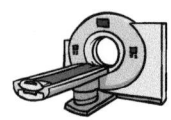

CT (skaner)

CT

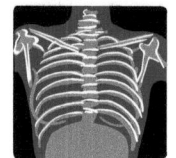

radiografi

レントゲン

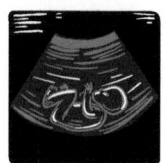

ultratingull

超音波

maskë fytyre

マスク

sëmundje

病気

dhomë pritjeje

待合室

paterica

松葉づえ

leukoplast

ばんそうこう

fasho

包帯

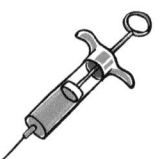

injeksion

注射

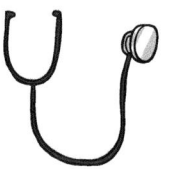

stetoskop

聴診器

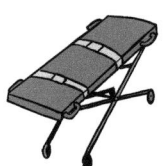

barelë

担架

termometër

体温計

lindje

出産

mbipeshë

肥満

aparat dëgjimi

補聴器

dezinfektant

消毒剤

infeksion

感染

virus

ウイルス

HIV / AIDS

HIV / エイズ

mjekësi, mjekim

内服薬

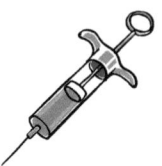

vaksinim

予防接種

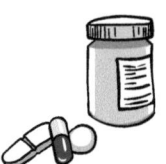

tableta

錠剤

pilulë

ピル

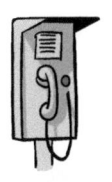

telefonatë emergjence

緊急電話

aparat tensioni

血圧計

i sëmurë / i shëndetshëm

病気の　/　健康な

Ndihmë!

助けて！

alarm

アラーム

sulm

暴行

atak

攻撃

rrezik

危険

dalje emergjence

非常口

Zjarr!

火事だ！

fikëse zjarri

消火器

aksident

事故

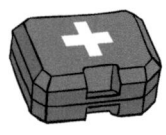

kuti e ndimës së shpejtë

救急箱

SOS

SOS

policia

警察

Europa

ヨーロッパ

Amerika e Veriut

北米

Amerika e Jugut

南米

Afrika

アフリカ

Azia

アジア

Australia

オーストラリア

Atlantiku

大西洋

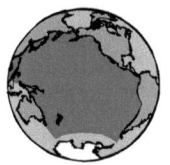

Paqësori

太平洋

Oqeani Indian

インド洋

Oqeani Antarktik

南極海

Oqeani Arktik

北極海

Poli i veriut

北極

Poli i Jugut

南極

Antarktida

南極大陸

toka

地球

tokë

陸

det

海

ishull

島

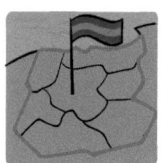

komb

国家

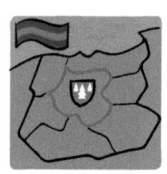

shtet

国家

fusha e orës

文字盤

akrepi i orës

短針

akrepi i minutave

長針

akrepi i sekondave

秒針

Sa është ora?

何時ですか？

ditë

日

kohë

時間

tani

現在

orë dixhitale

デジタル時計

minutë

分

orë

時間

javë

週

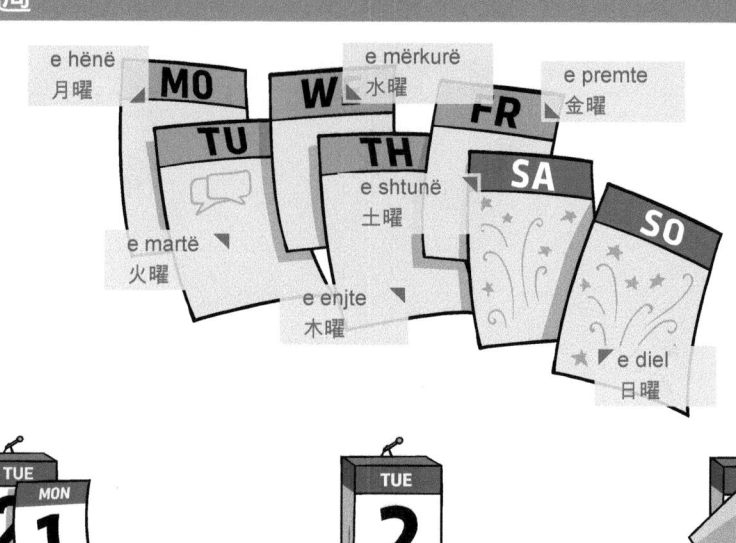

e hënë 月曜
e mërkurë 水曜
e premte 金曜
e martë 火曜
e shtunë 土曜
e enjte 木曜
e diel 日曜

dje

昨日

sot

今日

nesër

明日

mëngjes

朝

mesditë

昼

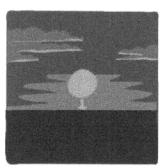

mbrëmje

夜

ditë pune

営業日

fundjavë

週末

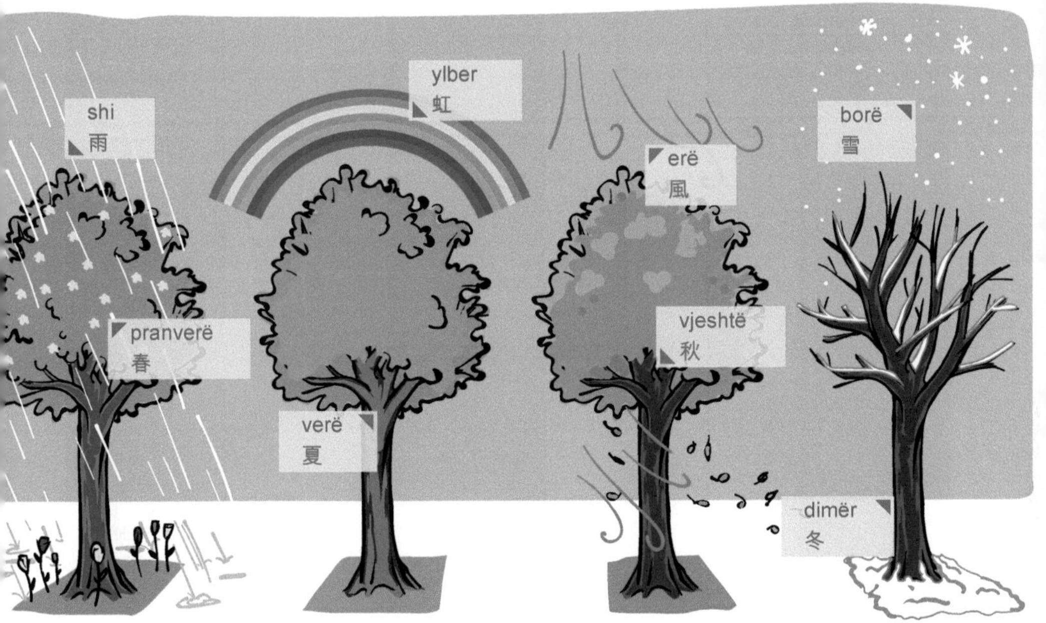
shi
雨
ylber
虹
erë
風
borë
雪
pranverë
春
vjeshtë
秋
verë
夏
dimër
冬

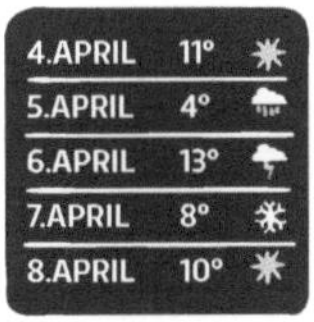
4.APRIL 11°
5.APRIL 4°
6.APRIL 13°
7.APRIL 8°
8.APRIL 10°

parashikimi i motit

天気予報

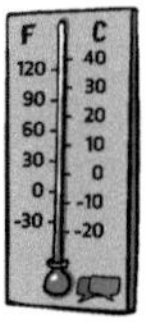
F C
120 40
90 30
60 20
30 10
0 0
-30 -10
-20

termometër

温度計

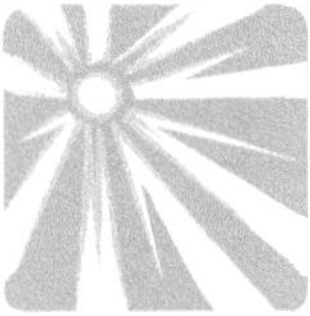

ndriçim dielli

日差し

re

雲

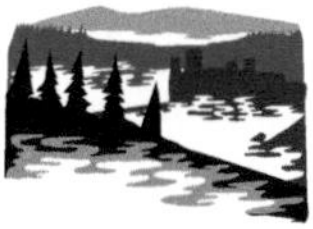

mjegull

霧

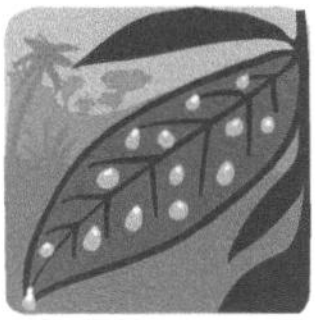

lagështi

湿度

vetëtima

雷

gjëmim

雷

stuhi

嵐

breshër

ひょう

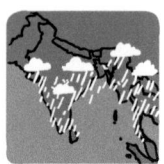

muson

季節風

përmbytje

洪水

akull

氷

janar

1月

shkurt

2月

mars

3月

prill

4月

maj

5月

qershor

6月

korrik

7月

gusht

8月

shtator

9月

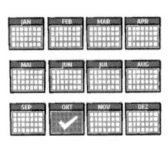

tetor

10月

nëntor

11月

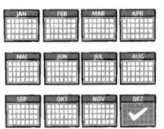

dhjetor

12月

forma

形

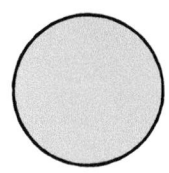

rreth

円

katror

正方形

drejtkëndësh

長方形

trekëndësh

三角

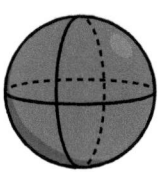

sferë

球

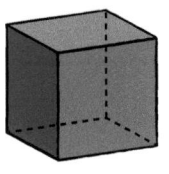

kub

立方体

e bardhë

白

e verdhë

黄

portokalli

オレンジ

rozë

ピンク

e kuqe

赤

vjollcë

紫

blu

青

e gjelbër

緑

kafe

茶

gri

灰色

e zezë

黒

shumë / pak

多い ／ 少ない

i nevrikosur / i qetë

怒っている /
落ち着いている

i bukur / i shëmtuar

美しい ／ 醜い

fillim / fund

初め ／ 終わり

i madh / i vogël

大きい ／ 小さい

i ndritshëm / i errët

明るい ／ 暗い

vëlla / motër

兄弟 ／ 姉妹

e pastër / e pistë

清潔な / 汚い

e plotë / jo e plotë

完全な ／ 不完全な

ditë / natë

日中 ／ 夜

gjallë / vdekur

死んだ ／ 生きている

i gjerë / i ngushtë

幅広い ／ 狭い

i ngrënshëm / i
pangrënshëm
食べられる /
食べられない

i keq / i këndshëm

悪意のある / 親切な

i lumtur / i mërzitur

興奮している /
退屈している

i shëndoshë / i dobët

太った / 痩せた

e para / e fundit

最初に / 最後に

mik / armik

友人 / 敵

plot / bosh

いっぱいの / 空の

e fortë / e butë

硬い / 柔らかい

e rëndë / e lehtë

重い / 軽い

uri / etje

空腹 / 喉の渇き

i sëmurë / i shëndetshëm

病気の / 健康な

e paligjshme / e ligjshme

違法な / 合法な

i zgjuar / budalla

賢い / 愚かな

majtas / djathtas

左に / 右に

afër / larg

近い / 遠い

e re / e përdorur

新しい ／ 中古の

asgjë / diçka

何もない ／ 何かある

i moshuar / i ri

老いた ／ 若い

ndezur / fikur

オン ／ オフ

hapur / mbyllur

開いている ／
閉まっている

i qetë / i zhurmshëm

静かな ／ うるさい

i pasur / i varfër

裕福な ／ 貧乏な

e drejtë / e gabuar

正しい ／ 間違っている

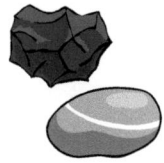

i ashpër / i butë

粗い / なめらか

i mërzitur / i lumtur

悲しい ／ 幸せな

i shkurtër / i gjatë

短い ／ 長い

ngadalë / shpejt

ゆっくり ／ 速い

i lagësht / i thatë

濡れた ／ 乾いた

ngrohtë / freskët

温かい ／ 冷たい

luftë / paqe

戦争 ／ 平和

0

zero

ゼロ

1

një

1

2

dy

2

3

tre

3

4

katër

4

5

pesë

5

6

gjashtë

6

7

shtatë

7

8

tetë

8

9

nentë

9

10

dhjetë

10

11

njëmbëdhjetë

11

12

dymbëdhjetë
....
12

13

trembëdhjetë
....
13

14

katërmbëdhjetë
....
14

15

pesëmbëdhjetë
....
15

16

gjashtëmbëdhjetë
....
16

17

shtatëmbëdhjetë
....
17

18

tetëmbëdhjetë
....
18

19

nentëmbëdhjetë
....
19

20

njëzetë
....
20

100

qind
....
100

1.000

mijë
....
1000

1.000.000

milion
....
100万

anglisht

英語

anglishte amerikane

アメリカ英語

kinezisht mandarin

中国標準語

hindi

ヒンディー語

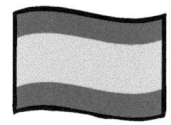

spanjisht

スペイン語

frëngjisht

フランス語

arabisht

アラビア語

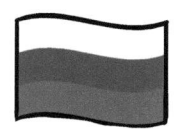

rusisht

ロシア語

portugalisht

ポルトガル語

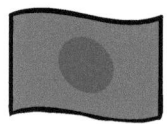

bengalisht

ベンガル語

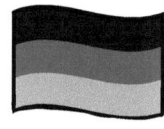

gjermanisht

ドイツ語

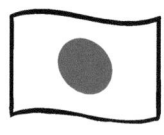

japonisht

日本語

unë

私

ti

あなた

ai / ajo

彼 / 彼女 / それ

ne

私たち

ju

あなたたち

ata

彼ら

kush?

誰？

çfarë?

何？

si?

どうやって？

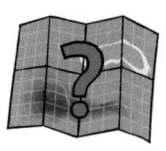

ku?

どこ？

kur?

いつ？

emër

名前

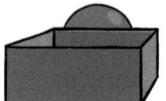

pas

後ろ

në

中

përballë

前

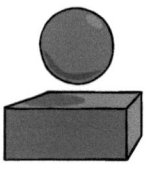

sipër

上

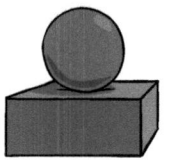

mbi

上

poshtë

下

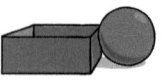

pranë

横

midis

間

vend

場所